Inhalt

VORÜBUNGEN

☐ ❶ Male weiter.

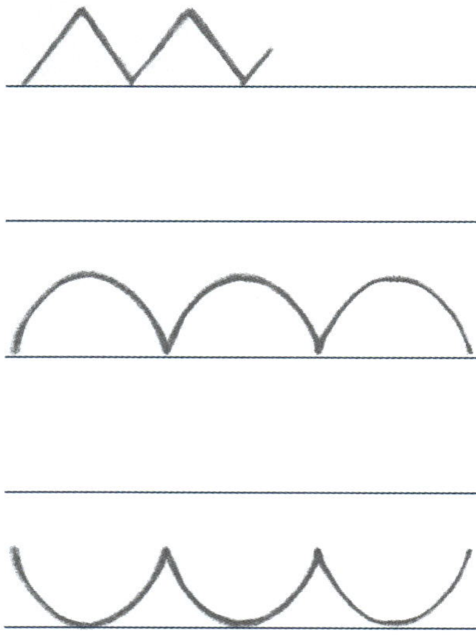

SSS

lll

COↃ

333

☐ **1** Räume auf. Sortiere nach Silben.

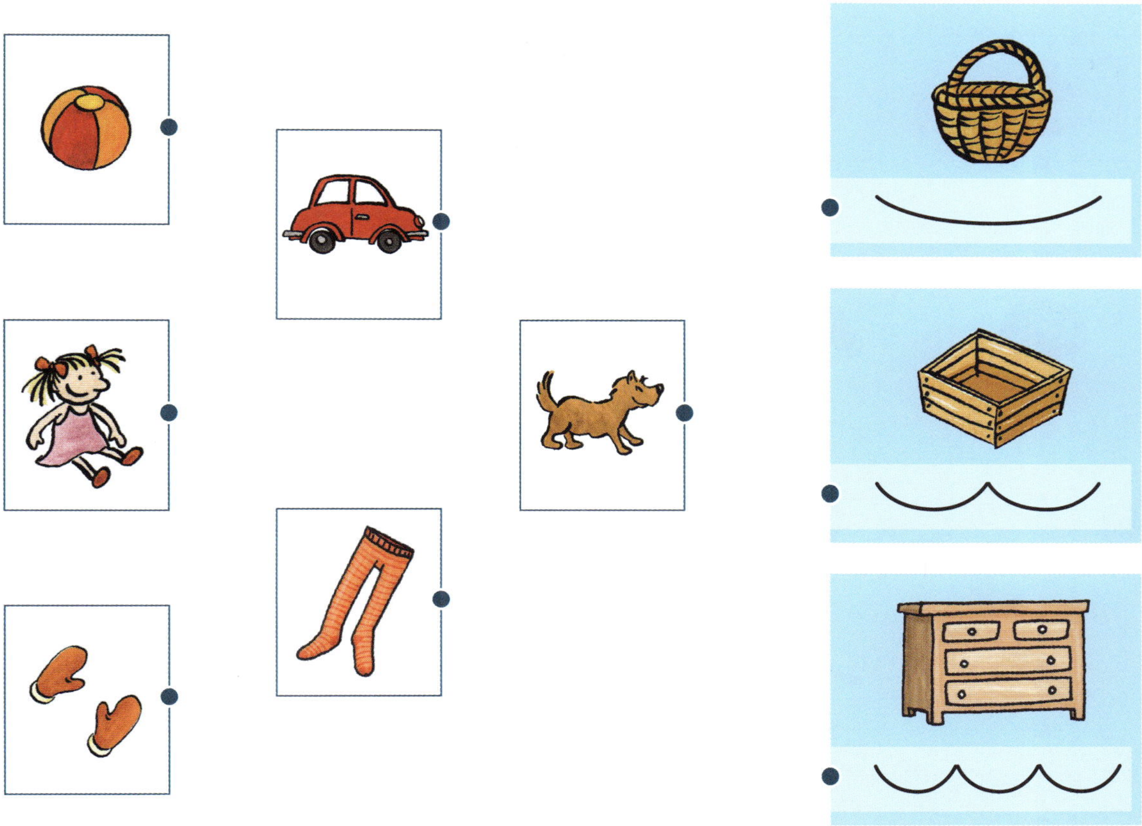

☐ **2** Schwinge.

VORÜBUNGEN

☐ **1** Was klingt am Anfang gleich? Verbinde.

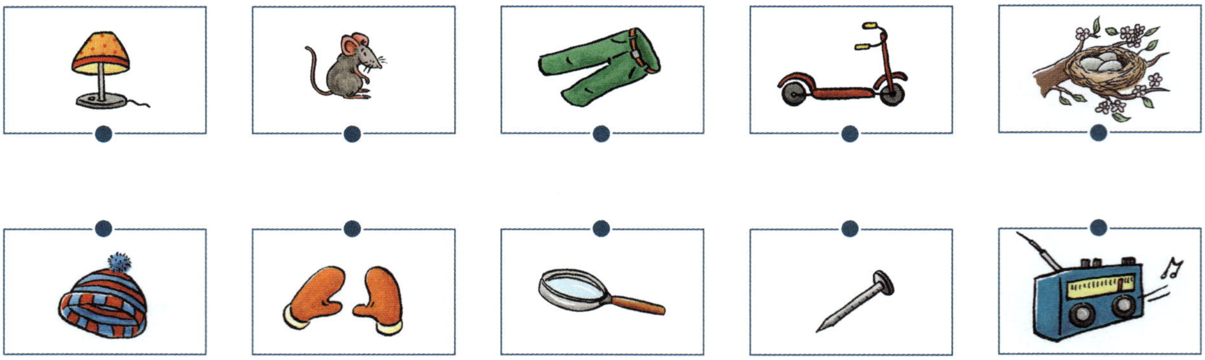

☐ **2** Was klingt am Anfang gleich? Verbinde.

☐ **3** Was klingt am Anfang gleich? Verbinde.

☐ **1** Was klingt am Anfang gleich? Kreise ein.

VORÜBUNGEN

☐ **1** Was klingt am Anfang gleich? Kreise ein.

☐ ❶ Schreibe die Könige und kreise ein.

VORÜBUNGEN

☐ **1** Markiere die Könige.

 Sofa

 Hut

 Salat

 Tiger

☐ **2** Welche Könige fehlen? Schreibe.

 Melone

 T _ m _ t _

 B _ n _ n _

 G _ r _ ff _

 R _ k _ t _

 T _ l _ f _ n

☐ **1** Welche Könige fehlen? Schreibe.

 Zebra

 Bl_m_

 M_nd

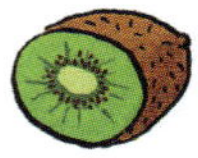 K_w_

 F_sch

 Sch_r_

 L_m_

 H_s_

 T_rm

 Sch_k_l_d_

 P_r_

 R_g_nw_rm

M m 

☐ ❶ Schreibe.

M M M

m m m

M m M m

M m M m

☐ ❷ Kreise M und m ein.

(M) K A M H U N M M W n m r m w n r m l m v

☐ ❸ Hörst du M, m im Wort? Kreuze an.

 ☒

 ☐

 ☐

 ☐

☐ ❹ Wo klingt M, m im Wort? Höre und schreibe.

 M

A a

☐ **1** Schreibe.

A A A

a a a

Mama

am

☐ **2** Kreise A und a ein.

V A H A M V A N A d a b a d a c b a p q a c

☐ **3** Hörst du A, a im Wort? Kreuze an.

 ☐

 ☐

 ☐

 ☐

☐ **4** Wo klingt A, a im Wort? Höre und schreibe.

L l 

☐ **1** Schreibe.

L L L

l l l

Lama

Lamm

☐ **2** Kreise L und l ein.

L T I F L F L T L T I F I F j l t j l f l f l t f j l t f l

☐ **3** Hörst du L, l im Wort? Kreuze an.

 ☐

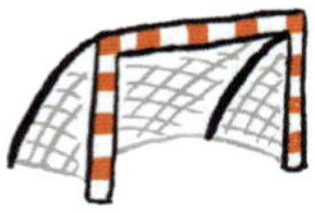 ☐

 ☐

 ☐

☐ **4** Wo klingt L, l im Wort? Höre und schreibe.

E e

☐ 1 Schreibe.

E E E

e e e

Lea

Ella

☐ 2 Kreise E und e ein.

F E E K E T L E E T F L e a o e c e s o c e s e a a e

☐ 3 Hörst du E, e im Wort? Kreuze an.

 ☐

 ☐

 ☐

 ☐

☐ 4 Wo klingt E, e im Wort? Höre und schreibe.

O o

☐ **1** Schreibe.

O O O

o o o

Oma

Leo

☐ **2** Kreise O und o ein.

F o t o R o b o t e r T o m a t e S o f a O f e n L o t t o O p a D i n o O m a

☐ **3** Hörst du O, o im Wort? Kreuze an.

 ☐
 ☐
 ☐
 ☐

☐ **4** Wo klingt O, o im Wort? Höre und schreibe.

R r

☐ 1 Schreibe.

R R R

r r r

Rolle

Arm

☐ 2 Kreise R und r ein.

R B D G R P R K B R P R h o r i m r r i o r m r o n o r

☐ 3 Hörst du R, r im Wort? Kreuze an.

 ☐  ☐  ☐  ☐

☐ 4 Wo klingt R, r im Wort? Höre und schreibe.

   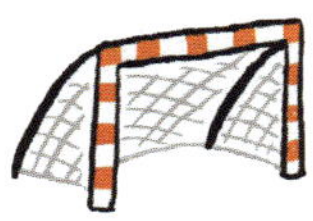

S s 

☐ ❶ Schreibe.

S S S

s s s

Salat

rosa

☐ ❷ Kreise S und s ein.

S u s e l o s S e g e l S a n d S o m m e r W a s s e r E i s e s s e n

☐ ❸ Hörst du S, s im Wort? Kreuze an.

 ☐

 ☐

 ☐

 ☐

☐ ❹ Wo klingt S, s im Wort? Höre und schreibe.

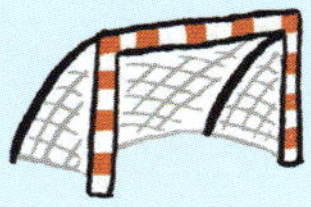

T t

☐ 1 Schreibe.

T T T

t t t

Tom

rot

☐ 2 Kreise T und t ein.

T o r t e T o m a t e n s a l a t B u t t e r S a f t r o t T e e T o r R a t

☐ 3 Hörst du T, t im Wort? Kreuze an.

 ☐  ☐  ☐  ☐

☐ 4 Wo klingt T, t im Wort? Höre und schreibe.

☐ 1 Schreibe.

Mama

Alma

Lama

Salat

Tor

Oma

Rose

Esel

Sommer

Messer

Torte

Roller

☐ **1** Was gehört zusammen? Verbinde.

Tas
Sas
Mas

Ror
Mor
Tor

Ra
Sa
La

☐ **2** Welche Wörter findest du? Male an und schreibe.

Sa	La	Ro
ma	Tor	lat
E	se	sel

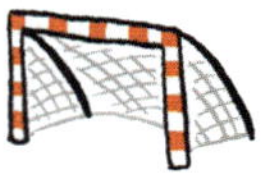

N n

☐ ❶ Schreibe.

Nn Nn

Nest

Nase

nun

Ton

☐ ❷ Kreise N und n ein.

V	N	U	N	W	M	n	u	v	w	m	n
N	Λ	N	W	U	N	w	u	n	v	n	u
W	M	N	<	N	V	u	w	ɯ	n	≷	n

☐ ❸ Wo klingt N, n im Wort? Höre und schreibe.

Ei ei

☐ **1** Schreibe.

Ei Ei

ei ei

Eis

Eimer

nein

☐ **2** Kreise Ei und ei ein.

ein Ei   mein Eimer   meine Eier   eine Ente

ein Eis   ein Seil   eine Reise   meine Leine

☐ **3** Wo klingt Ei, ei im Wort? Höre und schreibe.

U u

☐ **1** Schreibe.

Uu Uu

Urmel

um

unter

Mut

☐ **2** Kreise U und u ein.

D	O	U	V	U	W	n	v	u	w	m	u
O	U	D	W	U	O	w	u	n	>	u	w
V	U	W	U	W	D	u	n	u	m	u	m

☐ **3** Wo klingt U, u im Wort? Höre und schreibe.

B b

☐ 1 Schreibe.

Bb

Brot

Blume

bunt

oben

☐ 2 Kreise B und b ein.

B	A	L	L	P	D
O	B	D	B	D	P
O	N	P	B	O	D

q	d	n	b	a	d
e	b	a	b	d	o
p	d	b	b	ɐ	d

☐ 3 Wo klingt B, b im Wort? Höre und schreibe.

Ch -ch   

☐ 1 Schreibe.

Ch ch Ch ch

China

Buch

sucht

lacht

☐ 2 Kreise Ch und ch ein.

Ck	CK	Ch	∩	O	D
Ch	Ck	O	Ch	Ck	Ch
⊃	Ck	Ch	Ck	Ch	C

o	ch	o	ck	ʊ	ch
k	ch	o	ck	e	h
ch	ch	e	h	ck	a

☐ 3 Wo klingt ch im Wort? Höre und schreibe.

☐ ❶ Schreibe.

I i

Italien

sich

bin

☐ ❷ Kreise I und i ein.

T	I	L	T	F	D
T	⊥	J	I	I	F
E	Z	I	⊣	I	L
I	U	T	⊥	T	I
L	⊢	U	T	I	K

ʇ	e	r	t	t	i
j	l	i	t	f	t
i	j	ʇ	t	ʇ	i
l	i	t	i	p	t
ʇ	l	l	t	l	t

☐ ❸ Wo klingt I, i im Wort? Höre und schreibe.

F f

☐ ❶ Schreibe.

Ff Ff

Film

Fest

oft

Affe

☐ ❷ Kreise F und f ein.

T	F	E	⌐	K	F	i	f	˥	f	⌐	f
L	F	K	Ǝ	T	F	k	t	f	k	f	l
T	⌙	K	F	L	F	–·	f	k	f	i	l

☐ ❸ Wo klingt F, f im Wort? Höre und schreibe.

K k

☐ ❶ Schreibe.

Kk Kk

Kreis

Kater

kein

☐ ❷ Kreise K und k ein.

K	X	Y	V	W	M	k	l	f	t	k	i
K	K	V	X	X	Λ	t	l	i	k	f	k
Y	W	X	K	X	Y	i	t	k	k	k	i
X	U	K	K	K	X	b	i	k	i	b	k
Y	K	M	T	X	K	k	k	l	ɟ	l	k

☐ ❸ Wo klingt K, k im Wort? Höre und schreibe.

 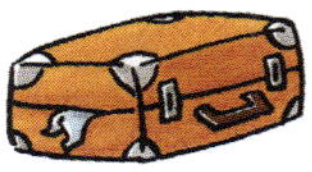 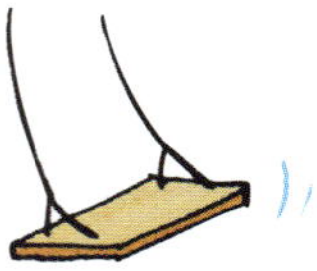 

Wörter schreiben

1 Schwinge und schreibe. Markiere die Könige.

bunt Buch aber

nicht fein Name Eimer

eine unter ich suchen

rufen Klasse kommen alle

bunt Buch

Wörter schreiben

☐ **1** Schwinge und schreibe. Markiere die Könige.

lesen | machen | Ball | oft | Oma

mit | Farbe | Foto | Sonne | reisen

fallen | Ufer | Musik | toben | basteln

☐ **1** Wie heißt das Wort?
Lies, verbinde und schreibe.

In

sel

Tin

Ko

se

Ro

☐ **2** Welche Wörter findest du? Male an und schreibe.

Ei	Kis	Ka
Kof	mer	fer
Buch	te	mel

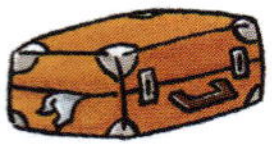

 Sch sch  Au au

☐ 1 Schreibe.

Sch Sch

sch sch

Au au Au au

Auto

Schaum

aus

☐ 2 Kreise Au und au ein.

Schnelle Astronauten brausen
laut ins blaue All.

☐ 3 Wo klingt Sch, sch im Wort? Höre und schreibe.

W w 

☐ ❶ Schreibe.

Ww Ww

Wal

Wolke

Schwein

☐ ❷ Wo klingt W, w im Wort? Höre und schreibe.

 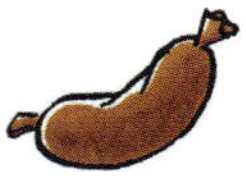  ★ 

☐ ❸ Lies und verbinde.

Wolle Wolke Waffel

Ü ü

☐ 1 Schreibe.

Ü ü Ü ü

Überfall

über

füttern

☐ 2 Wo klingt Ü, ü im Wort? Höre und schreibe.

☐ 3 Wie heißt das Wort? Lies, verbinde und schreibe.

 Bü

 Lo cher

 Tü

D d 

☐ ❶ Schreibe.

D d D d

Dach

das

müde

dort

☐ ❷ Kreise D und d ein.

B	D	C	P	D	O
P	Ɔ	D	B	O	ᗺ
D	P	C	D	O	P

ɔ	a	b	a	d	c
q	b	d	c	d	a
b	c	d	c	ɐ	q

☐ ❸ Wo klingt D, d im Wort? Höre und schreibe.

  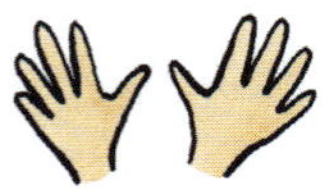 

J j

☐ **1** Schreibe.

J j

Juni

jubeln

☐ **2** Wo klingt J, j im Wort? Höre und schreibe.

☐ **3** Lies und schreibe den passenden Monat auf.

 Januar

 Juli

Es ist kalt und schneit.

Es ist Sommer und warm.

Wörter schreiben

1 Schwinge und schreibe. Markiere die Könige.

wollen | Wort | üben | müssen | Erde

Schule | schreiben | dunkel | Auto

und | jeder | wünschen | laufen

Wörter schreiben

☐ **1** Schwinge und schreibe. Markiere die Könige.

Dose	Juni	füttern	für	wandern
jubeln	Schaum	müde	auch	
Januar	blau	Land	Juli	

☐ **1** Wie heißt das Wort? Lies, verbinde und schreibe.

	keln		
schau	feln		
	en		

☐ **2** Wie heißt das Wort? Lies, verbinde und schreibe.

Kan	sel		
Rüs	ne		
Schlüs	se		
Ro	sel		
Wan	se		
Do	ne		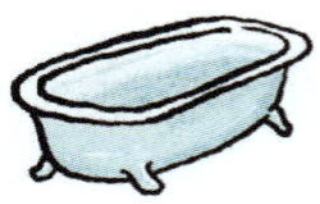

P p

☐ ❶ Schreibe.

Pp Pp

Papa

pusten

Post

Piri

☐ ❷ Kreise P und p ein.

Panter Paul und Opa Pepe verputzen Pizza mit Paprika und Salami mit Peperoni.

☐ ❸ Wo klingt P, p im Wort? Höre und schreibe.

G g 

☐ 1 Schreibe.

Gg Gg

Gras

grün

☐ 2 Wo klingt G, g im Wort? Höre und schreibe.

   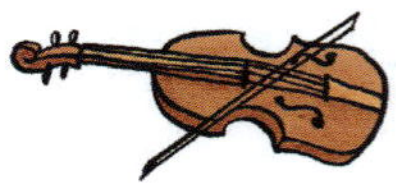

☐ 3 Wie heißt das Wort?
Lies, verbinde und schreibe.

Au • • ke 

Gur • • ge 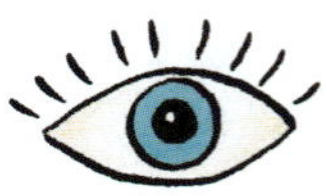

Ö ö

Y y

☐ 1 Schreibe.

Ö ö Ö ö

schön

Löwe

Y y Y y

Yoga

☐ 2 Wie heißt das Wort? Lies, verbinde und schreibe.

Ba • • ny

Ted • • by

Po • • dy

Eu eu  -ß 

☐ ❶ Schreibe.

Eu eu

treu

ß

süß

☐ ❷ Kreise Eu und eu ein.

Die kleine graue Eule seufzt tief
wegen einer riesengroßen Beule.

☐ ❸ Lies und schreibe.

klein  Der Elefant ist ______.

groß  Der Jaguar ist ______.

schnell  Der Igel ist ______.

Wörter schreiben

☐ **1** Schwinge und schreibe. Markiere die Könige.

geben | Puppe | süß | können

Gemüse | Pyramide | Fuß | pusten

Teddy | Freund | schön

Wörter schreiben

☐ ❶ Schwinge und schreibe. Markiere die Könige.

Geld | groß | Auge | Ampel | Euro

Igel | Freundin | Löwe | Eule

grün | Yoga | Opa | treu

☐ **1** Was wünscht sich Jana? Male an und schreibe.

Ted	cher	ler
Bü	Turn	tel
Rol	beu	dy

☐ **2** Welches Wort passt? Verbinde und schreibe.

es

rei

le

ra

sen

-ie  -ng 

☐ **1** Schreibe.

die

wie

lang

☐ **2** Kreise ie ein.

Ein fieser Riese weint und weint,
weil er eine Biene liebt.
Die Biene aber liebt den fiesen Riesen nicht.

☐ **3** Wer macht was? Lies und schreibe.

fangen	singen

Die Kinder ____________ Lieder.

Schlangen ____________ Mäuse.

Pf pf

1 Schreibe.

Pf pf Pf pf

Pfau

Kopf

2 Wo klingt Pf, pf im Wort? Höre und schreibe.

   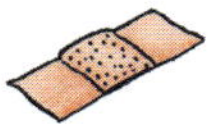

3 Wie heißt das Wort? Lies, verbinde und schreibe.

Pfer	men	
Pflau	fe	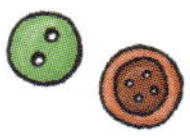
Pfan	de	
Knöp	nen	

H h 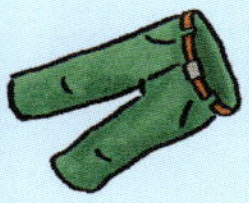

☐ 1 Schreibe.

H h   H h

Hase

sehen

Kuh

haben

☐ 2 Kreise H und h ein.

Hase Hannibal hüpft und hoppelt holterdipolter

hinter Nashorn Heini her.

☐ 3 Wo klingt H, h im Wort? Höre und schreibe.

   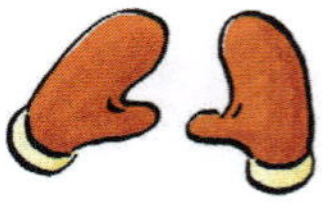

Z z

-ck

☐ **1** Schreibe.

Zz Zz

Zelt

zu

☐ **2** Kreise ck ein.

Für ein Picknick packt Piri leckere Sachen

in den Rucksack und will es sich

auf weichen Decken ohne Mücken

schmecken lassen.

☐ **3** Wo klingt Z, z im Wort? Höre und schreibe.

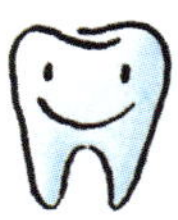

St st  Sp sp 

☐ 1 Schreibe.

Stock

still

Sport

springen

☐ 2 Welche Wörter findest du? Male an und schreibe.

Stie	Spie	Stem
Spin	pel	ne
fel	Stift	gel

Wörter schreiben

☐ ❶ Schwinge und schreibe. Markiere die Könige.

das Pferd | pflegen | die Wiese

das Tier | der Ring | zeigen

der Zahn | der Hund | haben | still

die Spinne | der Sport | stellen

spielen | lang | der Stift | der Rock

Wörter schreiben

❶ Schwinge und schreibe. Markiere die Könige.

die Schlange | das Jahr | stark

singen | zehn | manchmal | ziehen

das Wasser | wackeln | kennen

der Wald | sie | bringen

☐ **1** Wie heißt das Wort? Lies, verbinde und schreibe.

Kar • 

Tor • • te 

Kis • 

☐ **2** Diese Wörter reimen sich. Schreibe.

~~Wie~~	ge	~~se~~	Rie	Zan	Zie	se	ge	Flie	ge	ge	Schlan

 Wiese

Ä ä  X x  Qu qu 

☐ ❶ Schreibe.

Bär

Taxi

Qualle

quer

☐ ❷ Aus A wird Ä und aus a wird ä. Lies und schreibe.

Ball	Bänke	Apfel	Bank	Äpfel	Bälle

 ein ______  zwei ______

 eine ______  zwei ______

 ein ______  zwei ______

1 Schreibe.

Vater

viel

Comic

Satz

2 Welche Wörter findest du? Male an und schreibe.

Vam	Pop	ze
Vo	pir	gel
Pfüt	corn	Schatz

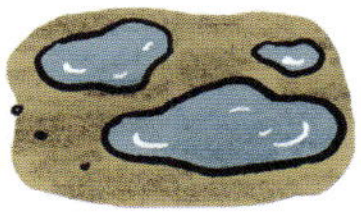

Wörter schreiben

1 Schwinge und schreibe. Markiere die Könige.

das Quadrat | der Cent | quaken

das Mädchen | der Platz | sitzen

der Vogel | das Märchen | zählen

der Vater | versuchen | die Hexe

der Computer | von